JN409178

채운재 시선 55

金 進 中 第4民調詩集

頌 Song of 서울

한기 10952
한웅기 5913
단기 4348
공기 2566
불기 2559
서기 2015
도서출판 채운재

頌 Song of 서울

金 進 中 第4民調詩集

詩, 또는 꿈속의 꿈
– 제4민조시집 '頌 Song of 서울'을 내며

삶은 곧 노래였다.
시간이라는 오선지(五線紙)에 공간의 음표를 그려 넣는
그 들숨날숨의 멜로디요 하모니였다.
그것은 지상의 어느 곳에서나 마찬가지라.
어떠한 종족이 어느 나라의 말로 얘기해도,
비록 천사의 방언으로 말한다 해도.

삶은 곧 그림이었다.
한 가지 색깔로는 그릴 수 없는,
일곱 빛깔 可視光線이라 바라볼수록
더욱 눈물겹게 아름다운 순간의 무지개였다.
그 무지개의 뿌리를 찾아 잡아보려는
다만 무위(無爲)의 꽃춤이었다.

서울이라는 詩는
늘 불가해(不可解)한 몽중몽(夢中夢) 같았다.
고향은 늘 마음속의 고향이나
詩를 떠난 내 삶을 말할 수 없듯이.

自序

서른 몇 해
서울살이 드난살이의
섧은 이야기들인이라,
샐새벽 오늘 따라
심히 부끄럽다.

甲午 冬至ㅅ달 샐빛을 보며
三仙洞 天河愛 寓居에서
金 進 中 삼가

차　　례 —————————— 金 進 中 第4民調詩集
頌 Song of 서울

金 進 中 第4民調詩集 — 차 례
頌 Song of 서울

제2부

제3부

차 례

제4부

제5부

제1부

頌 Song of 서울·1 -신월 까치집
頌 Song of 서울·2 -수서 양계장
頌 Song of 서울·3 -통과 여객
頌 Song of 서울·4 -강둑에 서서
頌 Song of 서울·5 -대방동 가로수
頌 Song of 서울·6 -관악산 우리새
頌 Song of 서울·7 -뒷굽을 갈면서
頌 Song of 서울·8 -잔인한 날
頌 Song of 서울·9 -18번 손님
頌 Song of 서울·10 -태극기가 바람에
頌 Song of 서울·11 -순풍에 돛달고
頌 Song of 서울·12 -달팽이
頌 Song of 서울·13 -엑스 선(X-RAY)
頌 Song of 서울·14 -세일즈 맨
頌 Song of 서울·15 -不惑, 혹은 迷惑
頌 Song of 서울·16 -도둑에게
頌 Song of 서울·17 -똥간에 웬 삐삐
頌 Song of 서울·18 -미사리 바람사내

頌 Song of 서울 · 1
-신월 까치집

까치밥 매달렸던
늙은 감나무
등걸 뽑힌 자리.

가슴속 한 뼘 남짓
텃밭마저 허물어져
언덕빼기 한길가 한 켠
까치집을 짓다.

강가의 갈대바람 물어오고
빈들녘의 허수아비
춤사위도 날라다가
시린 창공에 둥지를 틀어
플라타너스 넓은 잎새로 부리를 씻고
길갓창으로 팔베게를 하다.

내 꿈의 조각들은
미등으로 흐려지고
시냇물은 부지런히
불빛을 안고 달려들 기는데.

교회당 종소리도
안개속에 적셔들 때
아 누구던가,
내 가리마를 빗겨 주는 손은.

〈1992. 1. 짓고, 2004. 1. 12. 민조시로 고침. 2012. '민조시학' 제5호.〉

頌 Song of 서울·2
-수서 양계장

날마다
우리들은 잠들어간다
이방 연속 무늬,
어지럼속에서.

봉황을 그리면서
배란일 맞춰 자위를 해도
무정란만을 낳으라 하는
백열등 흰불빛.

닭기똥 눈물일랑
잊어도 좋아
늙은 토종닭 울음소리는
이제 흘러간 사랑노래일 뿐.

콩나물 눈비비며
마구 잠 깰 때
또르르~ 꼬끼오~,
또 하나의 自轉!

〈1992. 1. 24. 짓고, 2004. 1. 12. 민조시로 고침. 2012. '민조시학' 제5호.〉

頌 Song of 서울 · 3
−통과 여객

고이얀,
잠시 잠깐
머물도 않고 서지도 않고
지나가는 길,
주차세를 내래.

자네도
잠시 잠깐
이승위에 머물다가 떠나갈 건데
그 주차세를
어디 얼마나 뉘에게 냈는가.

〈1997. 7. 6. 주차장에서.〉

頌 Song of 서울 · 4
-강둑에 서서

1.
철산리 접어드는 안양 천변
운전 학원 노란 차들이 더듬거리는데.
골프장 옆길로 직할 하천 강물을 끼고
다른 차들은 제세상 만났다.

어릴 적 고무신차 모래짐 실려
자치기 하며 땅뺏기 했었지.
티(T)코스 에스(S)코스 눈물고개 넘고돌아
나래짓 터는 작은 새 한 마리.

강물살 범람하여 젖은 세간들
널어말리던 수재민의 꿈들.
버려진 타이어로 태운다 한들
어디 한두 점 사리라도 날까.

2.
졸립던 모래잔디 까만 씨알들
하늘 가득히 그물코 날려도.
강물을 기다리며
늘 저만치서 출렁이는 바다.

강둑에 연날리던 어린이조차
돌아가는 저녁.
제각기 굴렁쇠로 비틀거린 나날들도
다만 무위의 몸짓이었을까.

우리는 유빙처럼 많은 부분을

낯선 바다로 돌고 돌았던가.
노을도 흐느끼듯
저문 강위로 비껴 흐르는데.

〈1992. 1. 짓고. 2004. 1. 12. 민조시로 고침. 2012 '민조시학' 제5호.〉

頌 Song of 서울·5
-대방동 가로수

1.
대방동 은사시가
만성 질환을 앓으며 서있다.
가지에 둥지틀던 텃새 한 마리
강건너 용산 기지로 날았다.

새소리 그리다가 난청이 되고
실어증 겹쳐 미열을 앓는다.
파리한 잎사귀 숨구멍에
아황산 분진 잠처럼 들붙어.

산성비 마디마디 루머치스는
관절성 신경통.
아픈가 잠 못 드는 고압선은
팬텀 기처럼 용감히 떠있다.

어머니
국제적 도시인은 냉정해야죠,
눈물은 한갓
미개한 것일 뿐.

2.
몸매는 달동네 복수찬 아줌만데
머리카락은 해마다 누가 짧게 잘라 준다.
이곳이 헐리면 혼자만의 뿌리 감싸
신개발지 어느 길목을 기웃거릴 꺼나.

기우뚱 쓸어져도 눈감지 못한

통나무 발아래.
하얗게 발금같은 잔뿌리는
한낮을 기던 여름솔개미떼.

그손길 느릿느릿 등긁어주던
흐린 눈으로 할아범 생각에.
짐작도 안할란다, 저승 노잣돈
그래도 쌈지 뒤적이다 보면.

어머니
부디 오래 사셔야 해요,
식후 30분,
약은 꼭 드시고.

〈1992. 2. 짓고, 2004. 1. 12. 민조시로 고침. 2012. '민조시학' 제5호.〉

頌 Song of 서울·6
-관악산 우리새

소쩍새·굴뚝새
붉은머리오목눈이
청딱다구리·쇠딱다구리
오색딱다구리.

쇠박새·진박새
곤줄백이오목눈이
노랑지빠귀·흰배지빠귀
검은등뻐꾸기.

방울새·쏙독새
직박구리·상모솔새
알락할미새·노랑할미새
흰눈썹방울새.

산솔새·꾀꼬리
집비둘기·멧비둘기
어치·까마귀
까치랑 때까치.

박새에 참새·멧새
큰유리새·유리딱새
노랑턱멧새,
장끼랑 까투리.

모두가 조선새,
관악산 우리새.

〈'月刊文學'〉

---

* 관악산에 서식하는 34종의 우리새.

頌 Song of 서울·7
–뒷굽을 갈면서

내 발굽 뒤편에서
걷어채이며 닳아져 나간
忍從의 날들을.
세월의 물때가 낀 새까만 손이
엄숙하게도 심판을 내린다,
- 시퍼런 칼날빛.

빛바랜 빛줄기 한 토막이
감흥도 없이
쓰레기통에 버려진대도
감전된 우리는.
오로지 생중계가 아니라면
절대 믿으려 하지를 않을 뿐,
- 고물 라디오래.

처음엔 누구든지
첨 만날 테지
이제 서로가 살을 맞대고
살아들 가라고.
천만사 청실홍실
칭칭 동일까,
죽음이 서로 갈라놀 때까지,
- 본드는 돼지표 .

있을 수 없는 있음
간지러움에 웃음꽃 피어나.
꽃잎은 훌훌 날고

그리움들은 등피로 닦인다.
매끄런 내일아침 내밀어주는,
코앞의 알싸함,
- 흑말표 구두약.

오늘도 망막속에
가롯 유다를 그려내야 하나.
신도시 조감도속 걷는 사람
직립 보행을 다짐해보지만.
어쩌랴,
우물엔 늘 달빛술 취한 댓잎만 흔들려.

그러나
지구별을 떠받쳐주는
저 모진 목숨
- 합성수지래,
우레탄 굽이래.

〈1992. 1. 7. 광화문에서 굽을 갈다. 4,000냥.
2004. 1. 12. 01:35, 민조시로 고침. 2010 '민조시학' 창간호〉

頌 Song of 서울 · 8
-잔인한 날

공차듯 걷어차도
쓰러지지
않는 지구는
커다란 망치라.

뒷꿈치 박힌 못을
굳은살로만 밀어올려대고.

지폐로 세지 못해
거머쥘 수
없는 바람은
날 같은 가위라.

데릴러 유혹인 냥
내 머리칼을 잘라대려 들어.

올해라
해는 윤년
달은 2월
날은 말일 토요일에
비오는 오후 1시 30분
곳곳에 드르륵,
문내리는 소리.

〈1992. 2. 29. 짓고, 2004. 1. 12. 민조시로 고침. 2012. '민조시학' 제5호.〉

頌 Song of 서울 · 9
-18번 손님

그다방 아가씨
-열여덟 번 손님 하나!
구석자리에 앉으려고 하면.

일어나 가려하면
-열여덟 번 한 손님, 계산!

난
할 뻔만 했네.

〈1992. 2012. '민조시학' 제5호.〉

頌 Song of 서울 · 10
–태극기가 바람에

집집이 달렸구나, 위성 안테난,
태극긴 없어, 그동네 그집엔.

돈많단 그애비는 기념 식장에,
괴앞에 쥐퐁신,
지네 본 쌈닭꼴.

잘났단 여편네는 골프 장 갔대,
지돈 지쓰는 것,
대한 독립 만세!

치화화, 스피츠
개족보는 알아도야
물침대는 집가구가 아니라는 그딸년은
배꼽 티에다 똥꼬치마로 밤매중 나가,
- 어이구 내새끼,
  시차탓, 시차탓.
좆맛본 갈보년,
벌통시 만난 개.
고추먹고 맴맴,
담배먹고 맴맴.

서울선 영어하고
미국가선 신토불이라,
우리 것은 참 좋은 것이여,

프라이드가 끼어든다고
직싸게 패곤

돈 물어주면 될 일 가지고
왜들 그러냐
그아들 싸가지.
- 어이구 내새끼,
  당나발 주둥이,
개씹에 범 날껴,
그밥에 그나물.

그애비 태국가서
뱀탕·생사탕
주먹 골프에
육보시 몸보신.
낮에는 힘자랑,
밤에는 좆자랑.
밤낮 국위 선양,
대한 민국 만세!

애 좆바로 키웠!
우째 번 돈이든,
그집꼴 나기 전,
태극기 잘 달고.

〈제76돌 3·1절에. '한단시' 5집.〉

頌 Song of 서울·11
-순풍에 돛달고

순풍에 돛을 달고
우포늪에 가
가시연꽃 보네.

순풍에 닻내리고
설악으로 가
울산바위 보네.

순풍에 돛을 달면
어디든 가네,
별궁도 달궁도.

순풍에 닻내리면
꽃잠도 꾸네
별꽃꿈 달꽃잠.

〈2010. 7. 인사동 카페 '순풍에 돛달고'에서. 2012. '민조시학' 제5호.〉

頌 Song of 서울·12
–달팽이

머리에 집을 이고
산다는 것은
업보일지라도.

날마다 이슬 향해
야위어가는
파리한 더듬이.

누군갈 기다리며
산다는 것은
형벌일지라도.

아직도 따순 가슴
멈출 듯 말 듯,
오, 그대 있음에.

〈1992. 12. 5. 짓고, 2004. 1. 12. 민조시로 고침. 2012. '민조시학' 제5호.〉

頌 Song of 서울·13
-엑스 선(-X-RAY)

그놈 참 막무가내,
인정이라곤 찾아 볼 수 없어.
시커먼 복장도
눈으로 저질러 본 간음까지도
유리속처럼 다 비춰보거든.
아무리 심장깊이 감춰놓아도
자백해야 해 자백하고 말 걸.
옷이란 낡은 관습
모두가 알몸,
그앞에만 서면.

〈1992. 짓고, 2004. 1. 12. 민조시로 고침. '自由文學'〉

頌 Song of 서울 · 14
-세일즈 맨

겨울비 시답잖은 빵집앞길을
까치걸음 가방.

머리밑 파고드는 성근 빗방울
바늘로 찌른다.

그 누구 오냐 할 이 하나 없지만
되뇌보는 이름.

아침에 집 나설 때
내 새끼들 신발옆에, 빈쌀통앞에
내 자존 이미 벗어 놓았느니.

버스는 오지않고
전파사에서 엿들어보는
내일의 날씨,

이비 그치면 새봄오겠다,
한 때
꽃샘바람.

〈1996. 1. 짓고, 2012. '민조시학' 제5호.〉

頌 Song of 서울 · 15
-不惑, 혹은 迷惑

날매중 돋아나는 턱수염을
깎고 또 깎고
깎따가 보니,
아침세수는
늘 공짜로 한 셈.

앞만을 바라보고 달려가는
사육장의 꿩병아린 양
철망이나 벽, 부딪히면서
머리 터지게 달려온 不惑,

머언 빗소리다,
꽃바람소리다,

갈대꽃 흐르는.
낮달이 잠기는.

〈1997 '自由文學' 여름호.〉

頌 Song of 서울·16
-도둑에게

그대는 무슨 연에
도둑이 되어
사진틀속에 웃고만 있는,
날
훔쳐 봤느뇨.

한나절 중병아리
텃밭 뻐들 듯
안방·건넌방
파헤쳐만 놨노.

금붙이·은붙이사
돌고 또 돌아
원래 주인은 아무도 없어,

써둔 내 詩를
그냥 뒀더니,
귀한 노래는 돈이 못 되어
안가져 갔느뇨.

그대여, 서운해라,
별빛 훔쳐서 밤길 나설 땐
詩라도 쓸 건감,
엿보고 말 건감.

頌 Song of 서울 · 17
-똥간에 웬 삐삐

1.
지금은 '롯데 월드' 화장실에서
엉덩이 까고 가는똥 싸는 중.
그누구 발소리에
아랫배 찔끔, 용 한 번 못쓴다.

요생각 조생각,

이눔 건물 쓰는 전기량
제주도 전체라.
이건물 짓느라 들어간 돈
쌀 몇 섬 될까,
그 낟알 헤일까,

여기서 그만 칵.

똥개는 똥을 먹고
우리들은 똥개를 먹고
장단도 짚는다,
오줌발을 위해,
똥또르 똥똥똥.

2.
호박에 말뚝박듯
어릴 적 봤던
동앗줄같던
고똥 생각난다.

사람은 똥심으로 사는 거라던
단단한 황금띠,
빛나던 금덩이.

똥줄이 타도록 비비대며 살다보니,
서울놈들 똥밧줄은
석3년 묵은 새끼댕인기라.

올여름 고향 가면
콩밭머리에 흰 알궁둥이 쪼그려 까고
햇볕도 쏘일래, 콧노래 부를래.

까실한 콩잎사귀 뒤집어쥐고
닦아도 볼래,
동앗줄 실한 똥.

3.
바지춤 추스리며 일어설 적에
삐삐는 웬 삐삐.
여보슈, 똥쌀 때나 그짓 할 땐
좀 봐주슈,
지퍼도 그냥,

뭐 볼 새도 없다.

頌 Song of 서울 · 18
-미사리 바람사내

바람속
바람든
바람난
바람맞은 사람들이
바람쐬려
바람맞으러
바람집 들러
바람말을 한다.

바람을 품고사는
바람사내
바람말 듣는 그바람에 또
바람날라, 어허.

〈1997. 1. '한올 문학' 2010. 10월호.〉

제2부

頌 Song of 서울·19
–熱帶夜

깜깜한 한밤중 온동네 개들이 다 모여 짖는다,
어미개·새끼개·점백이·떠돌이 아비개
동냥개 뭣자랑에 낑낑대는 놈, 침흘리는 놈, 드러눕는 놈,
별별 놈들이 개판을 쳐댄다.
내 짧은 여름밤에 잠 못 드는 베겟머리꿈,
개오줌발에 눅눅히 젖었다, 꿈마저 젖었다.

땅위의 우리들은 억지선잠을 뒤척이지만
모든 개까지 인간을 따라 잠들어야 할 이유 따윈 없다.
내 안에 도사린 야성의 불길을 졸린 듯 감췄다가
별빛 향해 허연 이빨 으릉거리며 짖어대다가
오로지 그대 앞에만 서면 꼬릴 흔들며 길들여지는 난,
개가 되고 싶다.

〈1997. 8. 8. 2010. '自由文學' 여름호. 2012. '민조시학' 제5호.〉

頌 Song of 서울 · 20
-仁寺洞에서

쓸쓸히 바람부는 가을애저녁
仁寺洞 길을 홀로 걸으면
어디 아련히 부르는 소리
멀어져가는 귓엣말·꿈결말.

부릅뜬 돌장승눈 별빛 모으면
하늘 퍼지는 당초문숨소리.
발아래 밟히는 잎새들이
흐린 銅鏡을 문지르는 소리.

땅위에 오두마니 슬프지않아
시린 영혼이 어디 있으랴,
꽃바람아래 사위지않는
질긴 목숨이 어디 있으랴만,

이저녁 서울은 또
몇 개의 燈을 내걸고 있는가.
꿈꾸는 살빛강,
불밝힌 목로집.

〈1997. 11. '은평 문학'5집.〉

頌 Song of 서울·21
-業

자식도
시인에겐
모두 업이다,

상처가 꽃다운.

〈'自由文學' 2008. 겨울호.〉

頌 Song of 서울·22
–둘째에게

옷입고 잠든 아이
옷벗기자니
아이는 색색,
난, 식식거린다.

물같던 생명이
이렇게도 자랐구나,
얘 꿈속에는
왼통 무지개 꽃밭이겠거니.

볼에다 입 맞추고
귀에 대고 소곤거려 본,
'이세상에서 아빤 널 젤로 좋아한단다,
넌 누가 젤 좋지?'

그제사 귀찮은 듯
눈도 안뜨고 돌아누우며
중얼거린 놈,
'아빠가 젤로, 잘 알면서 뭐 또!'

〈1993. 짓고, 1997. 11. 14. 民調詩로 고침.〉

頌 Song of 서울·23
–아들에게

네 맘속
애리쓰린 생채기가
오랜 인고뒤
부신 진주로 자라고말리니.

네 맘속
흔들리는 물주름이
끝내 찬란한
꽃무지개를 만들고말리니.

아들아,
내 아들아,
가난한 집 아이들을 찬미하자,
인류에게 참예지를 물려줄 이들,
곧
그들이므로.

頌 Song of 서울·24
-애비가 간다

거친 땅
자갈길을
맨발로 간다,
비바람 불고
눈보라가 쳐도.

세상의
온갖 모멸
소낙비 맞듯
맨살 에이며
이애비가 간다.

두 발이 부르터
붉은 피 흘려도
아들아,
남들처럼 비단꽃신은
못 신겨주어도.

한 컬레 흰고무신
전해주려고
애비가 간다,
절며 절며 간다.

〈2003. 10.〉

頌 Song of 서울·25
-티뷔를 보다가

세월은 아무래도
길들지않은
로데오 경기마.

자꾸만 잔등에서
날 떨치려고
떨치려고 하네.

손가락 꼽아보면
눈물없던 날
그 얼마였으랴.

갈기를 굳게 쥘 것
아직 경기는
끝나지않았다.

頌 Song of 서울·26
-望 鄕

어느 먼 송나라의
고향 그리워
밤새 애울음
부뚜막 고양이.

두고 온 진남포구
물새 그리워
새벽줄담배
사랑방 할아범.

〈1983. 2. 짓고, 이후 민조시로 고침.〉

頌 Song of 서울·27
-안가는 시계

제혼자 멈춰버린 시계를 보면
자살한 친구, 친구 생각난다.

그토록 절절했던 그순간이여!
그시간들이여!

세상에 사랑했던 모든 사람들
몸부림치며 그리워했던 맨얼굴 눈빛들.

저승새 한 마리 그혼백을 깝쳐대던,
촛불 사위고 숨결 잦아들던.

바로 그, 그시간에 난 무얼했나?
전화도 한 통 해주지 못하고.

〈2004. 12.〉

頌 Song of 서울·28
-모래내 戀歌·1

세검정 시린 물이
부서지며 깨어지며 흘러흘러
물빛 고운 모래내에 다달으면
거기 백금빛 눈부신 모래
그런 마을이 하나 있었다네.

중곡동·장승백이·청량리에서
새벽안개가 골목길 돌 듯
서울역 돌아, 신촌도 돌아
하루의 막장 종점에 서면
맛보는 막창집.

그것은 틀림없이
되새김질 소의 창자 중
제일 마지막 어딜 게라고
소주 한 잔에 씹고 또 씹는다,
모래내 막창집.

맨끝에 쌓여있단 중금속도
산자에 더러 약도 되겠지,
황소눈깔에 어리는 눈물빛.
목숨도 오래오래 씹다보면
때론 달게도 느껴지는 것을.

〈2000. 12. 짓고, 2012. '민조시학' 제5호.〉

頌 Song of 서울 · 29
-모래내 戀歌 · 2-南道 누이

우리가
삼백 예순 엿세 날을 살아간대도
차마 외롭지
않았던 날이
그 얼마나 되랴.

오, 거기
누이같은 연인이야,
연인같은 내 누이야,

이세상은 날이면 날
왜 이리도 아름다운가,

南道 누이야
눈물겹게도 아름다운 겐가.

〈2000. 12. 짓고, 2012. '민조시학' 제5호.〉

頌 Song of 서울·30
-모래내 戀歌·3-땡땡거리집

경의선 달려가는 모래내입새
3거리 건너 땡땡거리식당.
날마다 사람들이 들며날며
머릿고기 일품맛에 잔 기울여도
땡땡거리집 송할멈속낸
아무도 모를 가물치콧구멍.

황해도, 은율이며, 연백이며
생각만 해도 흐벅지던 맛, 사리원 복숭아.
눈시울 붉어지는 이름들을
따라따라 기차는 달려
신의주던가, 압록강이던가,
눈에 선한 驛舍, 꿈속 정거장들.

송할멈 耳鳴 속엔
신새벽부터
땡땡거리는 차단기소리,
땡땡땡 땡땡땡.

〈'농민 문학' 2002. 가을호.〉

頌 Song of 서울·31
-모래내 戀歌·4-이순금 할머니

열다섯 꽃봉오리 젖망울 벌 때
충청도 산골 봉답논배미 두 마지기에
큰마을 사는 박처사댁네 웃방아기로 팔려온 순금이.
서른도 훨씬 넘은 서방님은
사시 장철 골골거리다,
치맛끈 한 번 안풀어주고 북망산으로 가버렸다는데.
갑자생 갋지 말고 무자생이사 묻지도 말라고.
미수를 살도록 처녀 과부 수절했노란 순금이 할머니.
전실의 3형제 중 맏이가 죽자
예수 잘 믿는 둘째집으로 모셔졌다는데.
한 달에 90만 원 주던 파출부 내보낸 뒤로
20명 넘는 하숙생밥과 뒷치닥거릴 도맡아 왔다네.
- 어머님 아프시면 절대 안돼요,
착한 며느리 시시때때로
사골 곰국에 보약만 자꾸 해다 바치겠다.
평생을 동무삼은 담배값은 한 푼 안줘도
우리 며느리 10·1조하고 보약 공양은 아주 열심이래.
- 아무리 넘밉구녕 부지깽이로 쑤신다해도
　이연놈들아, 담배값이나 좀 내놔라, 내놔!

〈'농민 문학' 2002. 가을호.〉

頌 Song of 서울·32
-蓮잎에 오른 袈裟 피래미

1.
물면을 뛰고날던 袈裟 피래미
연꽃잎위에 얹혀버린 뒤,
하늘에 그만 갇혀버렸다네.

연잎이 흔들리게 파닥거려도
살갗의 물기 말라만 가고,
지느러미는 연잎위으로 착 달라붙었네.
그하늘 바다깃은 넓고넓어서
물속까지는 못 돌아갔다네.

2.
하늘엔 아무도 없었는지
'가사피래미, 피래미 살려',
외치는 소리, 그소리만 났네.

연잎에 팔매질한 한 꼬맹이가
피래밀 보며 웃고만 서있네.
돌맞은 그꽃잎 찢어지자
연잎에 붙은 지느러미에 물맴이 닿았네,
아흐, 살고지고, 아흐, 광명 천지.

頌 Song of 서울·33
-밤 섬

황토물 불어나던
그해 여름
꿈자리마저
휩쓸려보낸 밤.

풀뿌리
나무뿌리
포탄맞은 듯
밤섬철새의
이승의 한살이.

그래도 날아야지,
부서진 둥지 다시 만들고
알을 품어야지.

강물빛 맑아오고
비바람자면
노래해야지,
날아올라야지.

〈1998. 8. 짓고, 2012. '민조시학' 제5호.〉

頌 Song of 서울·34
–서근 반 너근 반 사랑

너인 냥 소름돋는 소소리물살
어루안아도 서근 반 너근 반.

아득한 옛날보터 바람은 불어
저문 햇빛에 비끼는 강물살.

우리들 사랑짓은 언제였던가,
매끄런 불빛 영혼의 흔들림.

밤섬은 놀이불에 잠들어가도
강물만 흘러 서근 반 너근 반.

頌 Song of 서울·35
-무인년 大寒

1.
해마다
大寒이 小寒 집에 놀러왔다 얼어죽고 말았다지만
올대한이사 제 스스로도 다 얼어 죽을 듯.

뚫어진 문구멍, 달려드는 황소바람,
아내는 내게 문풍질 사서 달아보자 했다.

2.
顯祖妣 할매귀엔
아이(I) 에미(M)가 어디가 아파(F)?
온조선없던 한파가 왔대도.
경상도 보릿고개 그깨끌막도 알고있느니,
무명허리띠 매디없음도 다 알고있느니.

내 속뼈 마디마다
찬바람 술술 새어나오는 知命 언저리
뼈마디마디 구멍을 뚫어 피리나 불을까.

광장문 바ㄷ듯
나일론 스펀지를 달아놓고도
문풍지소릴 잠결에 듣는 난.

〈2012. '민조시학' 제5호.〉

頌 Song of 서울·36
-놀고있습니다

창밖의 놀이터엔 아이들이
뒹구르며, 뛰며, 달리며,
놀고있습니다.

신문엔 어른들이
돈따먹기, 땅따먹기, 멱살잡이 소리쳐가며
놀고있습니다.

아내와 아이들은 모두 나가고
집에 없습니다.

전화통 울리면 망설이며
나 또한 매일
놀고있습니다.

그래도 직업란엔
詩人이라고 써넣겠습니다.

〈1998. 7. 5. 2012. '민조시학' 제5호.〉

제3부

頌 Song of 서울·37 -秘資金-각하 전상서
頌 Song of 서울·38 -하늘편지
頌 Song of 서울·39 -도로아미 타불
頌 Song of 서울·40 -某 日
頌 Song of 서울·41 -인사동 고물상
頌 Song of 서울·42 -동작동 소감
頌 Song of 서울·43 -近 況
頌 Song of 서울·44 -로 또(Lotte)
頌 Song of 서울·45 -몸 詩
頌 Song of 서울·46 父傳了傳
頌 Song of 서울·47 -환자와 병자
頌 Song of 서울·48 -마흔아홉 전우회
頌 Song of 서울·49 -자전거 꿈
頌 Song of 서울·50 -토리에게
頌 Song of 서울·51 -슬픈 路程
頌 Song of 서울·52 -시인과 재벌
頌 Song of 서울·53 -욕탕 풍경
頌 Song of 서울·54 -솔방구리네 집

頌 Song of 서울 · 37
-秘資金-각하 전상서

당기면 늘어지고
놓아버리면 오그라드는
살림살이사
고무줄놀이라.

이쪽 돌 빼내어
저쪽 괴고,
안돌 뽑아내
바깥 괴는데,

여드레 삶은 쇠대가리도
그소리끝엔 같잖아 웃을 일,

딴주머니라뇨.

頌 Song of 서울 · 38
-하늘 편지

먼곳에 계시는 어머니!
어머니 나라에도 바람이 불고
한가위달이 돋아오는지요.

어머니!
어머니 나라에도
아기들이 나이를 먹고
늙어가는지요.

만약에 늙지않고 그대로라면
저도 어느덧
이나라에선 어머니나이,
이젠 친구도 되겠는 걸요,
마흔아홉 살 초등 동창회 여자 친구처럼.

어머니!
거기에도 달이 저물고
별이 빛나나요.

어머니!
거기에도 시인이 있어
한가위달을 더욱 텅 비게 만드시나요,
또 거기에도 명절이 있어
출렁거리는 달빛을 타는
밤사람들이 잠 못 이루나요.

그리고 어머니
그나라를 떠나가시면

어느 나라로 흘러가는지요.
은하수 푸른하늘 쪽배를 타고
흘러 흘러 흘러.

〈2004. 9. 25. 01:15. 강남역 '뉴욕 제과' 앞에서. '농민 문학' 2006. 가을호.〉

頌 Song of 서울·39
-도로아미타불

1.
무·인·년·무·인·지·경
기·묘·년·도·기·묘·지·경
대·주·정·마·백·대·화에
원·삼·지·구·연·불·녹에
홍·무·독·경·안·종·을에
충·동·약·금·옥·압·신에
잠·고·교·남·양·매·도에
대·학·대·일·수서역까지
갔다리왔다리, 나무아미타불.

2.
우리는 날마다 經을 윈다,
뜨거운 몸 신열바쳐
長立不座 고행에 들면
피안은 어디뇨,
좌안거 좌7불,
우안거 우7불.

새양복 단추 몇 개 시주하고
온몸 다바쳐 육보시한다,
멀리하기엔 너무 가까운
당신은, 이뭣고.

오호, 할!
천수 천안 관자재가 한몸일다,
화장 장엄 원융 세계가

한덩어리일다.

3.
바·지·경·타·질·지·경
저·안·경·은· 죽·을·지·경
수·일·대·학·대·도·매에
양·남·교·고·잠·신·압에
옥·금·약·동·충·을·종에
안·경·독·무·홍·녹·불에
연·구·지·삼·원·화·대에
백·마·정·주·대화역까지
왔다리갔다리, 도로아미타불.

〈1999. 5. 12. 지하철 파업에 부쳐. '은평 문학'〉

頌 Song of 서울 · 40
-某 日

장마진 인사동을 맨발로 걷다,
발가락 핥는, 빗물의
혓바닥.

김상경 할머니집
'안동 국밥집'
손때 반질한, 툇마루에
앉아.

호박잎 후둑이는 빗소릴 듣다,
하얀 고무신 코세수하는 빗소릴 듣다,
막걸리 잔에 찰찰 괴이는 빗소릴 듣다,
그대 눈자위 밀물져오는 빗소릴 듣다,

내 흥에 겨워
길나섰다가
되돌아감도
내 흥이거니

젖다가 개인 날,
개였다 젖는 날.

〈1999. 8. 1. 깐수니. 2004. 민조시 동인지 '천산의 꽃춤'.〉

頌 Song of 서울 · 41
−인사동 고물상

인사동 뒷골목,
육손가락 포크레인이 산더미같은 폐지뭉치를 덥석집어서 트럭에 싣는다.

병든 말, 죽은 말, 거짓말, 찢어진 말, 온갖 말들이 패잔병처럼 차에 실려간다.

평화란 깃발아래 쌈질하듯
문화라는 미명아래 우리들은 얼마나 많은 언어 공해를 내뱉어왔는가.

떠나는 말말들아, 이젠 쓰레기, 허접쓰레기야.

재활용 폐지 공장 불가마에서 맑은 순도로 다시 태어나
새날을 꿈꾸렴,
어서 준비하렴.

〈1999. 6. 23. 2012. '민조시학' 제5호.〉

頌 Song of 서울 · 42
–동작동 소감

좌청룡 우백호라
서울 특별시 동작구 동작동.

산사람 하나없이
죽은 이들만 모여사는 동네.

짙푸른 한강물이 수수 만 년
범하지 못해
휘돌아 남긴 곳.

동작진 나루도,
오가던 길손도,
해마다 꽃철마다 울던 뭇새도
명파람되어 땅김에 묻혔다.

청사에 눈부라린 시퍼런 혼이
밤매중 모여 바튼기침소리,

수상한가보다.

〈2012. '민조시학' 제5호.〉

頌 Song of 서울·43
–近 況

미친 년 지나간 새벽길을
취한 놈 하나 또 지나갑니다.

어제도 그제도 그랬듯이
울먹이며 울먹이며 지나갑니다,

지린내 나는 세상 어디쯤
상심한 별빛 모두 털어내고.

새벽달 부끄러워 도리질하며
취한 놈 하나 지나갑니다,

우리네 전생 바람 푸른 빛
꿈꾸는 미친 놈, 늘 지나갑니다.

〈1999. 8. 20. 김성조의 '불의 幻·3'을 읽다. 2012. '민조시학' 제5호.〉

頌 Song of 서울·44
-로 또(Lotto)

'로또'란 복권에 당첨되면
우선 조용히 여행을 떠나리.

그누가 제일 먼저 나를 찾을지
아내가 찾을지,
전화를 할런지.

'로또'란 복권에 당첨되면
종로어귀에 방 하나 내어
내 아는 시인 모르는 시인 가릴 것없이
다 쉬어가라고,
몇 억 내어놓고.

가난한 문학사들
원고료에 보증금이나 좀 대어주고
문인 자녀들 장학금으로
몇 억 내어놓고.

그동안 술빚도 많이 졌지,
죄 불러모아 술잔치하고
진짜로 좋은 문학상 하나 만들어놓고
도서관이나 한 칸 지어서
내놓을 양이지,
'로또'란 게 되면.

〈2003. 4. 1. 2012. '민조시학' 제5호.〉

頌 Song of 서울 · 45
-몸 詩

한 번도 펴지 못한 날개를 펴고
속절도 없이 날아간 시인아.

유현한 꽃이파리 분분한 아침
꽃잎나라로 몸바꿔가며 쓴.

마지막
不立文字
대표작이다,

단
한
편
몸 詩다.

〈2003. 4. 20. 윤종혁 시인 3·1빌딩에서 날다. 2006. '한맥 문학' 4월호.〉

頌 Song of 서울·46
-父傳子傳

고향집 사랑방엔
아버님 홀로
텔레비젼을 동무삼으시고.

서울땅 단칸방엔
자식놈 홀로
텔레비젼을 벗삼아 켜놨네.

喜壽나 知命이나
父傳에 子傳
방에만 들면
보지도 않으매.

전근간 李 시인,
독신자 숙소에서 지내다보니,
티뷔(TV)를 켜던 아비의 마음
이제야 조금 알 것도 같대나.

〈2003. 5. 3. 2012. '민조시학' 제5호.〉

* 李 시인: 신용보증기금 이희원 시인.

頌 Song of 서울·47
–환자와 병자

세상은 커다란 정신 병원
날마다 술을 마시는 환자
항상 모자를 써야하는 환자.

언제나 색안경을 쓰는 환자
징만 보면 두드리려고 달려드는 환자.

밤마다 여자를 그리다가 잠드는 환자
구멍만 보면 들여다보다 자러가는 환자.

자신이 환자인 줄 모르는 환자
제골방속에 갇혀버린 환자.

오늘도 시답잖은 시를 붙잡고
몽상의 꽃밭 헤매도는 환자.

〈2003. 6. 2012. '민조시학' 제5호.〉

頌 Song of 서울 · 48
-마흔아홉 전우회

스무 해 훌쩍 건너
비내리는 날 만난 옛전우들.
더러는 센머리를 물도 들였고
머리카락도 많이들 빠졌다.

고참도 쫄병도 이제는 없고
군번만 남은 흘러간 전우들.
목쉬던 그리움도 세월이 가면
상산 탄약고 보초를 서던 그날의 밤별빛.

저마다 양미간엔
시내가 흘러 밤빗물도 흘러.
갈비뼈 사이사이 가슴밑을 돌아흐르는
마흔아홉의 쓸쓸한 물소리.

〈2003. 7. 12. 속리산에서. 2006. '한맥 문학' 4월호.〉

頌 Song of 서울 · 49
-자전거 꿈

예쁘고 단단한 자전거를 하나 샀는데 누군가 그만 가져가버렸다.
아깝고 안타까워 이리저리 찾아 헤매다 돌뿌릴 차고 엎어져버렸다.
꿈깨고, 잠깨고.

그래도 꿈속에서 잃어버린 게 천만 다행인 걸.

그것이 꿈인 줄 꿈속에서 알았더라면
저승에서도 다 짐작하련만,
안개속 이승사.

〈1999. 10. 25. 2012. '민조시학' 제5호.〉

頌 Song of 서울·50
-토리에게

토리야,
더 이상 내 눈빛만 쳐다보지마,
이젠 스스로
길들여져야 해.

흑진주 그윽히 빛나는
네 눈우물
살아있는 그 모든 것은
다 슬픔이란다.

토리야
이제부턴 텅빈집을
혼자 지키는
연습을 해야 돼,
길들여져야 해.

〈1999. 11. 20. 2012. '민조시학' 제5호.〉

---

* 토리 : 생후 2개월된 우리집 강아지이름.

頌 Song of 서울·51
-슬픈 路程

동가식
서가숙
돌아갈 집이 없네,
하늘아래 이 한몸 뉠 곳
어디에도 없네.

아내와 아기들은
처가에 있고,
부모 동기들
다 모였을 텐데,
못 가는 심사야,
못 보는 심사야.

섣달도 그믐날
저무는 낯선 거리
마냥 걸었네,
내 슬픈 路程
어디쯤서 홀로.

〈2000. 2. 4. 2012. '민조시학' 제5호.〉

頌 Song of 서울 · 52
-시인과 재벌

이나라
제일가는 재벌 회장이
투신했다고 난리난 아침에.

몇 달째
기10만 원 방세를 못내
맘 편찮은 나는.

그래도
아침밥 챙겨먹고
30분 후엔 약까지 챙긴다.

이나라 시인들은
가난하기에
잘 죽지않는다.

〈2003. 8. 4. 05:50. 현대 정몽헌 회장 투신 보도. 2012. '민조시학' 제5호.〉

頌 Song of 서울·53
-욕탕 풍경

호리한 스님 한 분 참선에 들어 미동조차 없다.

그옆엔 벌거벗은 중생 한 사람, 코를 골고있다.

그앞엔 용문신한 젊은이 한 놈, 탕에 앉아있다.

눈감고 벌거벗긴 마찬가진데,
다 마찬가진데.

〈2006. 3. '대림 사우나'에서 2012. '민조시학' 제5호.〉

頌 Song of 서울·54
-솔방구리네 집

저는요,
중간집에 살고있고요,
바로윗집엔 다섯째네가 살고있는데요.

앞집엔 넷째네가 살고있고요,
그윗집옆집 윗집에는요,
셋째네가요 살고있거던요.

그옆집 밑집옆집 아랫집엔
맹 둘째네가 살고있는데요.

그밑집 첫째집은 울엄마네집,
온식구들이 드나드는 걸
다 지켜보지요.

〈2012. '민조시학' 제5호.〉

* 솔방구리: 경북 의성 옥산 출신 전은실 수필가의 닉네임.

제4부

頌 Song of 서울·55 -'시인과 갤러리'

頌 Song of 서울·56 -꽃 보 살

頌 Song of 서울·57 -그림의 젖

頌 Song of 서울·58 -소문난 집

頌 Song of 서울·59 -'동영 식당' 사람들

頌 Song of 서울·60 -말같지않은 말

頌 Song of 서울·61 -우리나라 좋은 나라

頌 Song of 서울·62 -臥仙鰍老

頌 Song of 서울·63 -저문 강

頌 Song of 서울·64 -'종묘 공원'

頌 Song of 서울·65 -모 기

頌 Song of 서울·66 -'독립 공원' 산비둘기

頌 Song of 서울·67 -나팔을 불며 꽃을 심다

頌 Song of 서울·68 -괜 스 레

頌 Song of 서울·69 -詩 人

頌 Song of 서울·70 -청송 심씨 상가에서

頌 Song of 서울·71 -살다 보면

頌 Song of 서울·72 -어떤 시인

頌 Song of 서울 · 55
–'시인과 갤러리'

주인은 세 번이나
바뀌었대도
손님은 맹 하나.

은행잎 7년이나
떨어졌어도
손님은 맹 하나.

그자리
그담벽에
오줌싸는데,

그가게 그불빛,
그때나 이때나.
그나무 잎사귀,
그때나 이때나.

〈2005. 4. 18. 2012. '민조시학' 제5호.〉

---

* '시인과 갤러리' : 소설가 趙明仁 시인이 운영하던 낙원동 뒷골목에 있는 카페.

頌 Song of 서울·56
-꽃 보 살

아침에
처녀 시인 발인한다는 부음을 받았다.

시집도 못가보고 시만 붙잡던 처녀 보살이다.

술 한 잔 기울이고 집에 가는 길
방배역에서 주검을 만났다.

70세 노인네가 뛰어내렸단 아침 뉴스였다.

〈2006. 9. 7. 金鮮鄕 시인 가던 날. 2012. '민조시학' 제5호.〉

頌 Song of 서울·57
-그림의 젖

저만치 앞서 가던, 채 열 살 못된 귀여운 놈 하나.

광화문 지하도를 돌아서다가 발걸음 멈춘다.

한동안, 벽에 붙은 야한 광고를 바라보더니,
금방이라도 쏟아져내릴, 터질 것같이 탐스런 젖을
두 손 받치며 막 보듬어댄다.

갑자기 엄마젖이 그리웠을까
우유만 먹고 자라난 탓일까.

〈2012. '민조시학' 제5호.〉

頌 Song of 서울 · 58
-소문난 집

저무는 피맛골에 하나 또 하나,
뭇별이 깔린다.

쓸쓸한 시인들은 하나 또 하나,
술집으로 간다.

이토록 천박한 시대에
그래도 하늘이 무너지지 않는 까닭은,

밤마다 늘상 시인무리가 술잔 높이 들어,
떠받치기 때문.

〈2010. 시동인지 '이한세상' 초대시. 14집.〉

頌 Song of 서울·59
–'동영 식당' 사람들

강원도 태백에서 서울 올라온
민하네 식구들.

독립문 윈어깨녘 '동영 식당'에
일곱 식구 산다.

둘 내외 2녀 1남 처녀 고모에,
존고모도 한 분.

핸드폰 하나에다 통장도 하나,
다같이 쓴대나.

그래서 그런지는 내 모르지만
눈빛도 감자빛.

그래서 내 그런지 알 수 없지만
향그런 머루빛.

〈2008. 6.26. 20:26. 2012. '민조시학' 제5호.〉

頌 Song of 서울 · 60
-말같지않은 말

다섯 살 동갑같은 꼬맹이들이 대합실에서 서로 마주쳤네.

그중에 노랑머리 사내어린이 프랑스 말로 마구 떠들었네.

중국계 여자아기 놀란 눈만 말똥거리다,
갑자기 울며 엄마 찾아갔네.

그러자 우리나라 꼬마녀석, 제엄마한테 쫒아가더이다.

-'엄마야! 저애가 말같지도 않은 말을,
말도 안되게 지껄여 대잖아!'

〈2009. 1. 22. 인천 국제 공항 대합실에서. 2012. '민조시학' 제5호.〉

頌 Song of 서울 · 61
-우리나라 좋은 나라

외국에 나가서는
숨도 크게 못 쉬는 게
술마시고 잔뜩 취해
경찰한테 욕 퍼붜도
선생님요! 선생님요!
고정시켜 주는 나라
우리나라 좋은 나라,

국민 소득 1만 불에
국민 소비 웬 3만 불?
명품에다 브랜드면
4족조차 쓸 수 없어
귀한 내 딸 해주려고
명품관에 명품 골라
모녀 함께 훔쳐대는
우리나라 좋은 나라,

돈도 많고 돈도 잘 써
젊은 것들 정말 용해,
손에손에 디카폰에
목가슴에 엠피쓰리
수백만의 미인 군단
거리 가득 채운 나라

아릿따운 여대생도
용돈 핑계 여중생도,
아기 과외 시킨다며

고관 대작 부인네도
돈만 주면 돈만 되면
홀랑홀랑 벗는 나라,

원조 교제 혼외 정사
간통이야 죄도 아녀,
컴퓨터만 켰다하면
벗고빨고 핥고비벼
주지 육림 아방궁에
없는 것이 없는 나라,

외상이닷! 신용이닷!
긁어대는 카드 빚에
제할미고 제에미고
사정없이 죽이는 나라,
지폐 공화국
집회 공화국
우리나라 만세,
대한 민국 만세!

〈2004. 12. 2006. '월간 순국' 11월호.〉

頌 Song of 서울 · 62
–臥仙鰍老

대학로 ‘딱지치기’ 골목을 돌면
‘옛찻집’이 나와.
그찻집 ‘포석정’에 사는 물고기
1년 2년 3년.
그중에 어느 어신 누워서 살아
와선추로라네.

어떤 놈 힘좋다고 술 한 잔하고
자빠졌다는데.
왜 하필 미꾸라지 맷돌에 깔려
아뿔싸 쯔쯔쯧, 척추를 다쳤네.

하세월 엎드려서 헤엄치다가
그날이후론 드러누워서
바라보는 세상.
크크크 재밌네.

젊은이 · 늙은이 · 취한이 · 멀쩡한이
엎드려볼 땐 참 몰랐지만
디비져보니, 참 살만한 세상,
아흐, 광명 천지.

〈2008. 9. 25. 戌時. ‘옛찻집’에서.〉

---

* 옛찻집 : 徐 鄕 민조시인이 대학로에서 운영하고 있는 찻집.

頌 Song of 서울·63
-저문 강

다시 또
저녁강을
건너노라면
아득하여라
흐려지는 별빛.

우리는
얼마나 더
이 강물살을
건너야만 할까.

내 생의 물머리는
소리도 없이
울며 또 절며
어디로 달려
바다로 향할까,

영원으로 갈까.

〈2005. '月刊文學' 4월호.〉

頌 Song of 서울 · 64
-'종묘 공원'

볕바른 봄날이면
'종묘 공원'은 곰팡내나는
도서관이 된다.

머리에 하얗게 먼지를 뒤집어쓴
낡은 책들이 줄줄이 나와
볕바라기 한다.

책들은 거의가 다 세로쓰기라,
젊은이들은 잘 읽지않는다.

만주며 북간도며
보리숭년에 경인년 난리통.
빨치산 붉은 띠도
잘 살아 보세, 녹색 떡잎도
이젠 모두가 흘러간 소설
아래 아(·) 古文字.

볕발라 눈물 괴는 봄날 공원은
걸어다니는 소설책으로
넘실대고있다.

〈2003. 3. 18. 2006. '月刊文學' 게재.〉

頌 Song of 서울 · 65
-모 기

밤마다
날 원하는
너의 열정에
잠들긴 글렀네.

한 치앞
어이 알리,
삶과 죽음이
손바닥에 있네.

이승의 내 잘못
내 스스로 털어내라고
제몸 다 바쳐,

온밤내
내 빰
내 때리게 하네.

〈2005. 10. 8. 04:24. '농민 문학' 2006. 가을호.〉

頌 Song of 서울·66
-'독립 공원' 산비둘기

'독립관' 추녀너머
살굿가지에
산비둘기 운다.

어릴 적 또래들과
기집주까~
자식주까~로
따라 불렀는데.

내 귀엔 오늘따라
대한 독립~
독립 만세~로
목쉬도록 운다.

〈2010. 3·1절에. 2012. '민조시학' 제5호.〉

頌 Song of 서울 · 67
–나팔을 불며 꽃을 심다

책짐을 정리하다 나팔꽃씨 한 봉지를 발견하였다,
몇 해 전엔가 선물받았던 그꽃봉지였다.

이달로 편집일을 그만 둬야할 지금 형편이다.

그래도 사무실앞 화단 한 켠에 꽃씨를 심었다.

며칠 후 싹이 나면 돌돌돌 감고 잘 올라가라고.

파아란 주목나무 가지밑에다 샘물을 부었다.

〈2010. 6. 8. 2012. '민조시학' 제5호.〉

〈참 고〉

나팔꽃/학명 : Pharbitis nil Choisv/영명 : Morning Giory/과명 : 메꽃과/원산 : 열대아시아/꽃말 : 풋사랑/파종기 : 4월~5월/개화기 : 7월~8월.

* 특징 : 나팔꽃은 1년생 넝쿨식물. 옛날엔 고자화 · 선화 · 구이초 · 견우화 등으로 불리워졌음. 본종은 화경 18센티 내외의 거대륜종임.
* 재배 : 발아온도는 섭씨 20도 내외로써 씨앗은 하루쯤 물에 불리면 3~4일 후 발아함. 부풀지 않은 종자는 종피에 상처를 낸 후 물에 축여서 파종할 것. 토양은 점질을 띤 양토로서 배수가 잘 되는 곳이 좋다.

頌 Song of 서울 · 68
-괜스레

사는 게 사는 게 아닐 때
마음이 마음이 아닐 때
저녁연기 풀어지듯 까닭 모르게
이마음 풀릴 때,
이눈물 풀릴 때.

頌 Song of 서울 · 69
-詩 人

1.
나는 늘 안으로만 울며 살았다,
나의 눈물은 투명한 기체
남의 눈에는 뵈지도 않았다.

2.
시인이 짐을 싼다, 이사를 간다,
꽃피는 지상 떠도는 바람
짚신타령 하랴, 발없는 귀신네.

〈2003. 6.〉

頌 Song of 서울·70
–청송 심씨 상가에서

사노라,
사노라면
울고싶을 때
빰맞는 적도
더러는 있는 법.

술먹어 죽은 이를
조상키 위해
남은 자 모여
또 술을 마신다.

별빛은 사라져가
아름다운가
한 잔 받게나
어제 그제처럼.

모인 인 아홉이나
신발은 여덟,
서녘강물에
흰고무신 둥둥.

〈2002. '민조시학' 창간호.〉

---

* 청송 심씨 : 홍천 김려옥 시인의 부군.

頌 Song of 서울·71
–살다 보면

사람이 살다보면
동쪽으로 가야 하는데
반대쪽으로 갈 때도 있어,
술이 유죄더라.

사람이 살다보면
참 옳은 일만 해야 하는데
안그럴 때 있어.
오줌이 죄더라.

〈2003. 6.〉

頌 Song of 서울·72
-어떤 시인

그시인
나 만날 때
한번도 안해
밥얘기,
돈얘기.

돈이란
우리 모두
죽을 때까지
있으면 편한 것.

밥이란
우리 모두
죽을 때까지
하루 세 끼면 돼.

〈2004.〉

* 사실은 그시인, 볼 때마다 밥과 돈 얘기만 꺼내곤 했다.

제5부

노량진 수산 시장·1 -도 다 리
노량진 수산 시장·2 -하루의 꿈
노량진 수산 시장·3 -바 닷 놀
노량진 수산 시장·4 -얼음공장 연가
노량진 수산 시장·5 -시장 풍문
노량진 수산 시장·6 -칼갈이집 전기 모터
노량진 수산 시장·7 -용달차 주차장
노량진 수산 시장·8 -화장실창은 눈높이창
노량진 수산 시장·9 -노량진 활꽃게
노량진 수산 시장·10 -‘마산아구집’

노량진 수산 시장·1
-도 다 리

노량진 도다리는
물비린내 퍼올리는
늙은 娼婦
퍼런 배춧잎
파도소리 털다.

〈1997. 시 동인지 '한단시' 5집.〉

노량진 수산 시장·2
-하루의 꿈

설레며
속옷 벗는
양파처럼
알몸으로 나래깃치는
바다치맛자락.

물섶에
수런대는
고기처럼
물무늬에 헹구어보는
또 하루의 꿈들.

〈1992. 3. 짓고, 2004. 1. 12. 민조시로 고침.〉

노량진 수산 시장·3
-바닷놀

바닷뱀
속옷 벗어
깃치는 알몸
노을치마자락.

수평선
흔들리는 구름떼로
갈매기 뜰 때
퍼득이는 파도,
파도자락비늘,
금빛비늘파도.

〈1995. '自由文學' 가을호.〉

노량진 수산 시장·4
-얼음공장 연가

앞가린 불꽃가슴
안으로 타는
벙어리 꽃가슴.

하늘빛 눈꽃송이
홀로 야위는
안개꽃 저살결.

천 조각 만 조각
피는 대로
찢어나 볼까,
후, 불어나 볼까.

눈앞에 하롱대는
꽃잎 꽃나비
꽃날개 포갰다,
꽃잠이 들었다.

〈1997. 시동인지 '한단시' 5집〉

노량진 수산 시장·5
–시장 풍문

게값이 개값되어
게장사꾼 몇
게눈 감추듯
개같이 숨었대.

18번 학꽁치와
개조개네가
물고물렸대,
개보담 못했대.

낙지발 문어다리
서로 뒤엉킨
비린내 묻은
알 수 없는 풍문.

〈1997. 시동인지 '한단시' 5집〉

노량진 수산 시장·6
−칼갈이집 전기 모터

1.
애초에 흰빛들이 있었느니라,
불꽃가슴 안고.

불룩한 산둘레
우묵한 깊은 바다
서로서로 끌어당겨
입맞춤하는 한몸이었니라.

2.
자꾸만 부르는
소리있어
내 안에서
날 부르는 소리있어
바라보며 목메이며
손짓해봐도
磁場의 거리
다가설 수 없다.

3.
자꾸만 어지러워
맴을 돌아
꽃가슴 안고
마음과 마음
살 비벼보면
꿈으로 뜨겠지,

불꽃 쌍무지개.

4.
애초에
麻古* 함께 떠났느니라,
꽃눈물 뿌리며.

〈1994. 시동인지 '한단시' 4집〉

* 麻古 : '한단 고기'보다 먼저 쓰여진 신라 박재상의 '징심록'('符都誌')에 의하면 천지 창조 대목의 창조주가 마고성의 '마고'였다 한다. 오늘날 한국을 비롯한 전 세계의 生産을 주관하는 '마고할머니', '마고'의 3신 신화, 전설로 남아있다. '징심록' 천지 창조 기록에는 태초에 말씀이 있기 전에 빛이 먼저 있었다 함.

노량진 수산 시장·7
-용달차 주차장

벌이나 사람이나
엇비슷한 알몸짓으로
살아가나보다.

날다간 돌아오고
우스워하며
떠나며
맞으며.

기다려도 보며.

〈1997. 시동인지 '한단시' 5집.〉

노량진 수산 시장·8
-화장실창은 눈높이창

딸딸이 밀고사는
시장 아낙네
호박엉덩이
울퉁불퉁하다.

화장실 눈높이 창너머로
흘끔흘끔 훔쳐보다,
떨어진 안경
들켜버린 가면.

탱탱한
올가즘.

〈1997. 시동인지 '한단시' 5집.〉

노량진 수산 시장·9
–노량진 활꽃게

그놈 참 대단한 놈이다,
집게발로 버티면서
땅덩어릴 메다꽂는 저 포크레인,
겁없는 놈이다.

날카론 네 집게로
파도소리 석둑 잘라 잠재우고
바다꿈조각
꼭 집어건지렴.

그놈 참 단단한 놈이다,
다리접고 웅크리면
노를 멈춘 철갑선처럼
무서운 놈이다.

네 가슴 수심깊이
철석같은 닻을 내리고
표류해가는 우리들 사랑
꼭 매달아주렴.

하지만 슬프구나,
네 눈을 보면
잠망경처럼
바다 뒤집어 속살 보이는
네 하얀 앙가슴.

〈1992. 1. 짓고, 2004. 1. 12. 민조시로 고침. 2012. '민조시학' 제5호.〉

노량진 수산 시장·10
-마산 아구집

마산항 앞바다를
다 마셔버릴 공복감으로
식탐을 좇던 아구 한 마리,
언제부턴가
배앓이하며 누워지내다
물바닥긁는 그물에 걸리다.

날카론 이빨마다
기름때가 치석으로 가라앉고
눈도 침침
입은 자꾸 귀밑으로 틀어지는데
굽어져가는 조그만 꼬리끝.

통째로 삼켜버린 까치복 독은
짜릿한 술기운,
아, 자꾸만 졸려.

꿈으로 질편한 노량진 수산 시장
향기로운 락스 냄새 묻어나는 통나무도마,

- 아구란 놈은 사람 웃기지,
  제몸둥아리 3분의 2가
  입이란 말이여.

  이놈은 먹었다면 무엇이든지 다 소화를 시켜.
  뱃속에 뭔가 잔뜩 들었나 본데,

  아니, 플라스틱!
  밥그릇이잖아.

〈1992. 2. 25. 짓고, 2004. 1. 12. 민조시로 고침. 2012. '민조시학' 제5호.〉

自我로의 獻詩 - 그 頌德儀式

- 金進中 제4민조시집 '頌 Song of 서울'을 읽고

金 鉉 洙
〈詩人·民調詩人·民調詩評論家〉

1. 頌-자기 구원

문학은 작가의 종교이자 신앙이다. 자기만의 종교 의식이다. 자기 구원의 성스러운 통로다. 글쓰기로 엄숙히 거행하는 자신만의 구원 의식이다.

시인은 '시'라는 종교 율법으로 筆魂求行한다. 저마다의 광기로 구도의 길을 간다. 미치지않고는 못 미칠 것같은 환몽으로 각고의 구도 고행을 자청한다.

'우리네 전생바람 푸른빛'/이라며, '미친년 지나간 새벽길을/ 꿈꾸는 미친놈, 늘 지나간다고/(頌 song of 서울·43-近況) 독백하며 길을 간다.

구원의 확신을 얻고자 '시'에 미쳐 '시내림'을 청배한다. 각자의 율법을 세우기 위해, '생의 발굽 뒤편에서/ 걷어채이며 닳이져니간/ 忍從의 날들을'/(頌 song of 서울·7) 오롯 문학에 순종하고 '시'에 순교하며 '시'의 신전으로 나아간다.

巡禮魂筆의 길을 걷는 시인. 그는 마땅히 신행의 자기 희생을 요구 당한다. 혹 燔祭를 요구하는 '詩神'의 제단위로 '燒指捧養'이라도 감행할 듯 정진해야 한다. 혹은 '시법'의 계를 얻으려는 '亡身懺悔'의 몸부림으로 시혼을 청배해야 한다. 그렇게 정제된 보혈을 찍어 '시내림-송'을 받아 적시해야 한다. 그 숙명의 종교 의식이 '시'를 쓰는 일이며, '天路歷程'의 성스러운 시인의 길임을 증험해야 한다.

'金進中 제4민조시집' 역시 그러하다. '詩魂求行'의 각고로 '民調詩'라는 율려 시편들을 경전처럼 엮고있다. 상재의 시집 전편에 그의 고행과 고해들을 경문으로 새

기고있다. 이시대 순례 시객으로서의 기행과 만행들로 적나라하다. '金進中 民調詩祭壇' 여기 보란 듯, 이번에도 그특유의 주문 같은 계송들을 박수 무인의 공수처럼 신명으로 올려놓았다.

그의 보혈 가득한 자기 구원의 제례 의식-그 한 판 신명 굿마당으로 請坐하고 있다. 그 자기만의 頌德儀式을 치루기 위해, 김 시인은 시집을 상재하고 저 싯푸른 하늘-'시혼'의 성스러운 제단위로 '헌시-헌향'하고있다.

2. 頌-서울애환

'시경'의 六義에서 비롯된 운문 시학이 '頌'이다. 신께 제사를 올리거나 조상의 은덕을 기리는 頌德儀式의 시문이다. 무용과 함께 연주되던 제천 의식의 詩歌 문학이 바로 '頌'이다.

'시경'의 신과 조상의 성덕을 칭송하고 기리는 그 '頌'을 영어로 표기하면, 역시 같은 발음 기호의 영문 '송'(song)이 된다. 하여, '頌'과 '송'(song)은 '시가와 시문을 노래한다.'는 뜻의 동-서양 말맞춤이다. 필시 동양의 '頌'에서 서양의 '송'(song)'으로 동음 가차된 시가 문학 어원일 것.

그 '頌'과 '송'(song)'을 빌어 서울을 노래했다. 金進中의 네 번째 領地 '송송-서울'이다. '가라, 물처럼-떠나라, 바람처럼!' 그가 소리소리 외치면서도 정작 떠나지 못한 이율 배반의 서울이다. 바람벽-방랑벽에도 끝내 회귀하여 살고있는 그곳 서울. 김 시인의 '시-말'들이 더 이상 일탈할 수 없어 아예 꽃꿈을 꾸고있는 애증의 서울이다. 지금껏 버텨서서 저보란 듯이 살아내는 곳. 그곳을 살아 견뎌온 김 시인의 '서울'-우리들의 대한민국 '소울(seoul)-셔벌-새얼'이다. 김 시인의 '頌 song of 서울'이다.

金進中의 시적 공간 전편은 매우 혹독하고도 치열하고 애잔하며 암울하다. 그곳 서울을 배회하는 '송송-서울'의 송덕 의식은, 하여 서울찬가가 아니다. 서울애환가다. 마치 서대문 형무소 옛터(김 시인은 그곳 '독립관' 사무실에 다니고 있다.) 샅샅을 할퀴는 칼바람같은.

'아침에 집나설 때/내새끼들 신발옆에, 빈쌀통앞에/내 자존 이미 벗어놓았다고'('頌 song of 서울·14-세일즈 맨') 술회하며, 그 아린 서울살이 도시민의 애환들을 대변하고 역설한다.

혹은 '앞만을 바라보고 달려가는/사육장의 꿩병아린 양/철망이나 벽, 부딪히면서/머리 터지게 달려온 不惑'('頌 song of 서울·15-不惑, 혹은 迷惑')이었다고 고백한다. 하여, '머언 빗소리와 꽃바람소리'의 미혹에 취하지않고는 견딜 수 없었음을 위무

한다. 오직 民調詩를 쓰고서 버티어왔음을 스스로 頌德하고있다.

知命에도 뼛속 바람구멍 숭숭하여, 잿빛 서울하늘 가득 퍼져가는 金進中의 피리소리.

뚫어진 문구멍, 달려드는 황소바람
아내는 내게 문풍질 사서 달아보자 했다.
…〈중략〉…

내 속뼈 마디마다
찬바람 술술 새어나오는 知命 언저리
뼈마디마디 구멍을 뚫어 피리나 불을까.
…〈하략〉…

-'頌 song of 서울.35-무인년 大寒 中에서'-

시인의 뚫어진 바람구멍으로 뼈울음이 운다. 문풍지라도 사서 달아보자는 아내의 전언이 가슴시리고. 知命 언저리까지도 바람 술술 새는 뼈마디마디로 아예 구멍을 뚫어 피리를 불고싶다니, 울컥하고먹먹하다. 하냥 知命까지 이어진 삶의 핍진을 애둘러 화자를 빗대지도 않고 초탈하게 직설하고있다. 서울애환의 생활시를 쓰고 있다. 아, 김시인의 뼈마디에서 들려오는 설움의 피리소리-서울애환을 頌德하는 그의 피리소리가 '民調詩 萬波息笛'이기를.

3. 頌-고해 성사

신의 율법앞에 속죄의 옷을 벗고 대속의 면죄부를 청배하는 고해 성사. 성스러운 제단에 더 높이 오르기 위한 참회 의식. 그 民調詩 율법의 제단앞에 金進中의 시혼은 고해 성사하고있다.

'아무리 심장깊이 감춰놓아도/자백해야 해 자백하고 말 걸.'('頌 song of 서울·13-X-RAY)' 하고, 일갈하며 시인의 죄업들을 솔직 담백하게 고해하고있다.

금번 상재의 4집 전편이 치열하고도 팍팍한 삶의 도시 서울이야기라서 그럴까. 그간의 어떤 시집보다도 처연한 金進中의 고해 성사들이 절절하다. 혹독할수록 허허실실 감추고 숨겨두었지만, 늘 그를 따라다니는 삶의 뒷그림자들이다.

'손가락 꼽아보면/눈물없던 날/그 얼마였으랴.'('頌 song of 서울·25-티뷔를 보다가')라고 술회하면서, '오늘도 시답잖은 시를 붙잡고/몽상의 꽃밭 헤매도는 환자.'('頌 song of 서울·47-환자와 병자')라며 자학하듯 내뱉는 고해들이다.

나는 늘 안으로만 울며 살았다,
나의 눈물은 투명한 기체
남의 눈에는 뵈지도 않았다.

- '頌 song of 서울·69-詩人' 中에서

그렇게 투명한 눈물이 金進中의 '시'였느니. 이제 자존마저 내려놓는 듯한 허심의 고해들. 유난히 유쾌하고별나게 입심좋은 그가, 이제 그렁그렁 눈물도 쏟아보인다. 그에게 얼른 불콰한 막쐬주 한 잔 권해야 옳겠다.

아내와 아기들은
처가에 있고
부모 동기들
다 모였을 텐데,
못 가는 심사야,
못 보는 심사야.

- '頌 song of 서울·51-슬픈 路程' 中에서

시인의 서울은 혹독히 외롭다. 외로움이 떠도는 시인의 서울거리는 '슬픈 로정'이란다.

'더 이상 내 눈빛만 쳐다보지마,/이젠 스스로/길들여져야 해./살아있는 그 모든 것은 다 슬픔이란다.'('頌 song of 서울·50-토리에게'). 그렇게 애완견에게라도 위무의 말을 건네지않으면 미칠 것같은 그투명한 눈물성사들.

그런 아픔마다 이제 꽃등을 켜주고싶은 金進中이다. 꽃등 다시 밝히지않고서는 가슴 먹먹하여 도저히 견딜 수 없는 忍從의 서울살이 고해다. 죄업을 뒤집어 쓸 수밖에 없는 시인들의 세상 무능죄(?) 아니냐고 항변한다. 마치 이시대 시인들을 대변이라도 해야겠다는 작정으로 쏟아놓는 진솔한 고해들이다.

그어둠의 생채기, 뼛속 시린 애증의 글갈피들. 부끄러워도 어쩌랴. 지독한 상흔들이라 꽃등불 밝혀 위로하고 화해하지않으면, 곪아 썩어문드러질 것같은 아픔들이다. 설령 그의 웃음가면이 가증하다고 벌할지라도, 이쯤에서 벗어놓지않고서는 스스로 잔혹한 죄업들이다. 시집 전편 전반에 꽃등 불밝히는 金進中의 고해 성사들이다.

이달로 편집일을 그만 둬야 할 지금 형편이다.
그래도 사무실앞 화단 한 켠에 꽃씨를 심었다.

– '頌 song of 서울·67–나팔을 불며 꽃을 심다' ㊥에서

시인에게 한 끼 밥을 선뜻 내어주지않는 서울살이다. 그곳에서 저지른 알량한 죄목들의 낱낱한 해원이 손을 내민다. 그어둠들과의 따스한 화해가 더 애잔하다. 돌이키면 아픔이고 오욕일 수 있지만, 이제 그허물들을 벗어 미련없이 떠나보내겠다는 고해 성사들이다. 그렇게 훌훌 한 꺼풀 자존마저 서슴없이 벗어놓고, 그의 시단 한 켠에 꽃씨를 심는 金進中의 송덕 의식이다.

이 나라
제일가는 재벌 회장이
투신했다고 난리 난 아침에.

몇 달 째
기10만원 방세를 못내
맘 편찮은 나는.

그래도
아침밥 챙겨먹고
30분 후엔 약까지 챙긴다.

이나라 시인들은
가난하기에
잘 죽지 않는다.

– '頌 song of 서울·52–시인과 재벌' 全文

서울찬가를 부르지 못해 이나라 시인들은 모질게 살고있다고 항변하지않는가. 가난하여 잘 죽지도 않는 서울나라 시인들. 그서울에서 시로 살고 시로 죽고 있느니. 죽은 시인의 사회가 아니라서 그나마 다행인 金進中의 '송송–서울'이다.

4. 頌-통과 의례

김 시인의 고해 성사는 대속의 면죄부를 요구한다. 그래서 '신시 소도'의 도피안으로 가는 통과 의례를 치르고자 한다.

그가 말하지않았던가. 운명적 시인만이 알아내어 드나들 법한 신성의 성지가 있다고. 세상의 온갖 죄를 다 짓고도 그 '神市-新詩' 소도로 도망쳐만 가면 아무도 그를 추적하거나 붙잡아 벌 할 수 없다는 신성 불가침의 聖所같은. 金進中은 그곳을 알고 있다 말하지않았던가(제3민조시집 '가시리 가시리잇고' 序文).

현실을 일탈하고 그도피안으로 떠나보면 꽃동산이라 했던가. 항상 시나무가 있고 시꽃을 피워 시향으로 시혼을 살찌울 수 있는 곳이라 했다.

그러므로 그의 서울애환은 그도피안으로 가는 기꺼운 통과 의례였고, 그 통과 의례의 여정에서 얻어진 맷집과 내공으로 詩力을 획득한다. 그통과 의례를 하면서 던지는 그의 팍팍한 질문 또 한 편이다.

고이얀,
잠시 잠깐
머물도 않고 서지도 않고
지나가는 길,
주차세를 내래.

자네도
잠시 잠깐
이승위에 머물다가 떠나갈 건데
그 주차세를
어디 얼마나 뉘에게 냈는가.

- '頌 song of 서울·3-통과여객' 全文

고이얀 놈의 '서울'. 안주하지도 않고 잠시 지나가는데 주차세를 내라니. 生의 팍팍한 현실에 마주서 분노도 하면서, 억지라도 부과받은 주차세를 기꺼이 못 내는 세상 무능죄이거나, 저마다 안주하여 안락을 누리는 자에게만 주차세를 받으라는 강변이거나. 허나 그 억지스러운 주차세라도 내고 살아야 하는 시인의 生. 참 가당찮아 부당한 서울살이 주차세를 시시비비하고 있는 김 시인의 통과 의례이다.

그러면서 이승의 주차세가 과연 무엇인지를 묻고 있으니. 모두는 생의 주차세를 얼만큼 누구에게 냈는가를 따져 묻고 있으니. 그의 시력으로 도달한 깨달음의 경지다.

주지하고 있듯, '金進中 詩'는 '율려시'-'民調詩'인데, 상재의 제4민조시집은 출간 편수로 따져도 民調詩林 전체 순차의 꼭두가 되겠고, 특히 경상 북부 토속 정서의 긴 호흡 이바구 스토리텔링 서사 장편들을 3·4·5·6調의 정형률로 빚어내는 솜씨야말로, 이미 달인의 경지로 평가받고있으니.

이번 시집에서는 특히 오래 묵은 자유 시편들을 民調詩로 개작한 작품들이 많은데, 마치 詩門에 입도하는 詩學人이거나, 우리 정형의 시샘을 파고자 하는 강호 시인 묵객들을 民調詩로 호객하려는 듯, 자유 자재의 시어 조율 춤사위를 보여준다.

民調詩를 쓰면 자유 시편의 더붙살이 시어군들을 쉽게 간추려 우리 장단 가락 호흡에 맞는 율려시를 멋지게 쓸 수 있다고, 民調詩야말로 우리문학의 정체성과 겨레의 호흡과 신명이 얼마나 빠르고 쉽게 노래 불러지는가를 표본 삼아보라고 권유하는 듯하다(金進中은 현재 한국 문협 民調詩 분과 회장이며, '民調詩 창작 아카데미'를 운영하고 있다.).

그 모범적 3·4·5·6調로 뽑아올린 '율려시-民調詩' 절창 한 편인데, 저마다의 통과의례를 되짚는 그 허허 실실의 날카로운 선문답을 읽는다.

> 호리한(3) 스님 하나(4) 참선에 들어(5) 미동조차 없다.(6)
>
> 그옆엔(3) 벌거벗은(4) 중생이 하나,(5) 코를 골고 있다.(6)
>
> 그앞엔(3) 용문신한(4) 젊은이 하나,(5) 탕에 앉아 있다.(6)
>
> 눈감고(3) 앉아있긴(4) 마찬가진데,(5)
> 다 마찬가진데.(6)

'頌 song of 서울 53 욕탕 풍경' 全文

우리의 장단 가락 호흡에 딱 맞는 3·4·5·6調 선문답에 신명을 얹어부르는 율려시다. 그렇게 生의 날카로운 화두들을 대한민국 새정형시 3·4·5·6調-民調詩로 견인하고있다. 그의 영지, 民調詩의 도피안으로 통과 의례하고있다.

5. 頌-中進代贖

金進中의 고해 성사에 代贖이 내려지고. 그는 여지없이 자신만의 종교로 귀의하고있다. 그리고 자신의 길(道), 시인의 자식에게서 자신만의 길(道)을 더욱 확언하고 있다.

'이세상에서 아빤 널 젤로 좋아한단다,/넌 누가 젤 좋지?'라고 묻는 그의 확언. 그 길(道)은 '눈도 안 뜨고 돌아누우며/아빠가 젤로 잘 알면서 뭐 또!'('頌 song of 서울·23-둘째에게')하고 핀잔을 한다. 자신의 진정한 길(道)마저 외면할까 조바심 하는 시인. 그 때문일까. 그의 피내림에게로 선언하고있는 자기 확신의 증언들이 눈길을 끈다.

네 맘속
애리쓰린 생채기가
오랜 인고뒤
부신 진주로 자라고 말리니.

네 맘속
흔들리는 물주름이
끝내 찬란한
꽃무지개를 만들고 말리니.

아들아,
내 아들아,
가난한 집 아이들을 찬미하자,
인류에게 참 예지를 들려줄 이들,
곧
그들이므로.

- '頌 song of 서울·23-아들에게' 全文

궁색한 가난의 변명이라 폄훼하지 말자. 마지막 자존마저 내던지는 고해속에서 그는 치열한 代贖을 찾아 진중하게 신행 頌德하고있는 중이다. 그것은 구원의 중심으로 전진하는 순례 시객의 또 다른 자존을 선언하고 있는 것이리라.

머리에 집을 이고
산다는 것은
업보일지라도.

날마다 이슬 향해
야위어가는
파리한 더듬이.

– '頌 song of 서울·12–달팽이' 中에서

머리에 이고짊어진 업보는 이미 담담하고. 생의 더듬이가 파리하게 야위어갈수록 더디게도 그의 길(道) 한 가운데로 나아가겠다는 의지가 선연하다.

이는 필시 金進中의–'나아갈 進 가운데 中'이라는 이름탓이리라. 운명의 시인이 걸어야 하는 끝없는 자아 구원의 길. 그 한가운데로 나아갈 수밖에 없는–金進中의 이름값이 틀림없다.

거친 땅
자갈길을
맨발로 간다,
비바람 불고
눈보라가 쳐도.

세상의
온갖 모멸
소낙비 맞듯
맨살 에이며
이애비가 간다.

두 발이 부르터
붉은 피 흘러두
아들아,
남들처럼 비단꽃신은
못 신겨주어도.

한 켤레 흰고무신
전해주려고
애비가 간다,
절며 절며 간다.

– '頌 song of 서울·24–애비가 간다' 全文

애써 당당한 중심으로의 전진. 그의 아들, 그 道에게 김 시인은 자신의 道를 비장한 어조로 가슴에 새겨 전언하고있다.

자식도
시인에겐
모두 업이다,

상처가 꽃다운.

— '頌 song of 서울·21-業' 全文

그 비장한 어조가 왜 이리 가슴을 후비는가. 에두르지 못한 직설의 상처가 꽃다워서 아프다. 부디 꽃답지않은 시인의 자업이 아니기를.

6. 頌—自我獻詩

상재의 '金進中 제4민조시집' 평필은 작품 평으로만 읽혀지지않길 바란다. 평자는 이번 작품집을 '작품 金進中'이 아닌 '사람 金進中'을 더 많이 읽었다. 언제나 유쾌하고, 늘 신명나고, 항상 입담좋게 농 잘하고, 풍류 넘치게 시 잘 쓰고, 자존 높게 열정 넘치고, 평자가 아는 金進中은 그러했다. 하냥 우리가 아는 金進中이었다.

그러나 이번 작품집은 우리가 모르는 金進中과의 동행이었으니. 뜻밖에도 시인의 뒷그림자에 가슴 먹먹하여, 이번 작품집의 무게는 시시 비비 하고싶지않은, 그냥 평필을 놓고 그의 손이나 한 번 잡아주고싶은 마음이 더 앞섰다.

'써둔 내 시를/그냥 뒀더니,/귀한 노래는 돈이 못 되어/안가져 갔느냐.'고 '頌 song of 서울.16-도둑에게' 도둑도 질책하는, 이시대 한 시인의 적나라한 자화상을 평설로나마 頌德해주고싶었다.

물론 이번 작품집에도 그특유의 사회 풍자와 해학, 도회 문명 비판 등의 개성있는 작품들도 많았다. 그러나 무엇보다 그의 진솔한 삶의 편린들이, 이시대 시인들의 송덕 의식을 대변했다는 생각으로 옷깃이 여며지기도 했음이니. 그간의 작품집과는 사뭇 다른…, 시인 金進中의 송덕 의식이었다.

평자는 金進中의 '頌 song of 서울'에 지금은 살고 있지않다. 그와 거의 비슷한 성상의 서울살이에서, 작금은 귀향인지 도피인지 모를 서울 아랫녘살이로 안거하고 있다. 그러나 김 시인은 여전히 '서울'을 살아내며, 이처럼 진솔한 '몸 詩'를 쓰고있지않은가.

마지막
不立文字
대표작이다,

단
한
편
몸 詩다.

– '頌 song of 서울·45– 몸 詩' 中에서.

'내 꿈의 조각들은/미등으로 흐려지고/…아 누구던가,/내 가리마를 빗겨주는 손은.'('頌 song of 서울·1–신월 까치집') 그 누구이냐고, 시인은 또 서울 바람길을 배회하고있겠지만.

'목숨도 오래오래 씹다보면/때론 달게도 느껴질거라며,'('頌 song of 서울·28–모래내 戀歌.1') 인사동 목로집을 쓸쓸히 걷고있겠지만. 그는 이제 '몸 詩'를 자신에게로 적극 회향하리라. 서울거리에서 그를 만나거든, 두 손 덥석잡아 그와 목로집 등불 한 번 밝혀야하지않겠는가.

…〈중략〉…
이 저녁 서울은 또
몇 개의 燈을 내걸고 있는가,
꿈꾸는 삼빛강,
불밝힌 목로집.

– '頌 song of 서울·20–仁寺洞에서 '中에서.

'頌 song of 서울'은 金進中이 金進中을 頌德하는 自我로의 獻詩이다. 자신만의 종교를 구현하려는 오롯한 頌德儀式이다. 자신을 頌德하는 참 따듯한 구원 의식이다.

'金進中 제4민조시집'–이번만큼은 아낌없는 頌德으로서 奉筆 가름한다.

民調詩人 金 進 中

현 | 한국민조시인협회 회장
한국현대시인협회 이사
한국자유문인협회 이사
국제펜클럽한국본부 회원
한국민조시아카데미 원장
계간 『자유문학』 편집위원, 반년간 『민조시학』 주간
(사)대한민국순국선열유족회·『월간 순국』 편집인
(사)3·1운동기념사업회 공동부회장
(사)의병정신선양사업회 이사
한국문인협회 제25대 민조시분과 회장(역)
자유문학회 회장(역)
각종 전국 규모 및 구청 백일장 심사위원 역임

저서 | 김진중 민조시집 「사촌시편」 월간문학 출판부(2007)
「사촌시편(재판)」 도서출판 천산(2009)
장·연작·서사민조시집 「개코나 말코나」 도서출판 천산(2009)
기행민조시집 「가시리 가시리잇고」 도서출판 천산(2012)
제4민조시집 「頌 Song of 서울」 채운재(2015)
제5민조시집 「동동 내사랑」 도서출판 고글(2015)
제6민조시집 「虛辭眞言」 채운재(2015)
번역시집 「삿갓민조시」 도서출판 고글(2015)
한단시 동인시집 「한단시·7」집까지 참여
민조시 동인시집 「天山의 꽃춤」, 「十足鳥」 외 「꽃들의 안부」
전기소설 「갑산에서 수리산까지」

수상 | 제9회 자유문학상(2009), 제1회 민조시학상(2012) 등

다음카페 | 《3456. MINJOSI》, 《jayumoonhak》 운영자

주소 | 120-080 서울특별시 서대문구 통일로 251 〈독립관〉
(사)대한민국순국선열유족회/『월간 순국』 편집실

연락처 | 010-6863-4114

E-mail | jjkpoet@daum.net

金進中 第4民調詩集

초판 1쇄 _ 2015년 3월 20일
초판 발행 _ 2015년 3월 25일

지은이 _ 金進中
펴낸이 _ 양상구
펴낸곳 _ 도서출판 채운재
주소 _ 100-861 서울시 중구 충무로2가 49-8(서울빌딩 202호)
전화 _ 02-704-3301
팩스 _ 02-2268-3910
손전화 _ 010-5466-3911
이메일 _ ysg8527@naver.com

ISBN 978-89-93829-83-9
값 10,000원